心灵之约　大道至简

青少年心语

彭瑞林　著

文匯出版社

神光青少年快乐成长中心的宗旨是：

一切为了孩子，为了孩子的一切。

目录

序一 / 001

序二 / 003

序三 / 005

序四 / 010

序五 / 015

自序 / 038

亲子篇 / 001

婚姻家庭篇 / 021

职场篇 / 031

人生篇 / 041

附录 / 073
小徐感谢信 / 075
Sally 毕业感言 / 088
我有什么 / 096
写在高考前 / 101
我没有 / 112

后记 / 118

序一

彭瑞林老师以"情绪管理"为根本,在几十年大量的心理学实践研究的基础上,书写的这本《青少年心语》以"直观"的方式呈现了深刻的文化内涵。彭瑞林老师在心理学研究领域,蹈大方,出新裁,贡献巨大。私以为这样的人才属实难得。

我们有幸走进神光心理咨询中心,走入《青少年心语》的课堂,看到彭瑞林老师的大智慧融入到了神光人的血脉之中。它为我们解开人生困境,找到人生目标。它让无力者有力,让悲观者前行。《青少年心语》是神光人集体人格养成的精神价值和生活方式。这里的人们,任何事情都会以"大爱"之心处之。神光人,把"礼"

变成了一种集体仪式，互敬成为了一种"互馈"的关系。他们把岁月沉疴的记忆变作"良知"，把坎坷生命的沧桑感转换为"菩提心"。《青少年心语》是神光人的长安家风。

彭瑞林老师说过，"情绪管理"理论的哲学思想就在神光人身上，《青少年心语》的创建者就是践行此套理论的神光人。

当每一个神光人遵循《青少年心语》，用"道德信义"支撑起自己高贵的心灵，以"水滴石穿"的修炼畅享人生的喜悦，我们就用生命创造着"神光"的奇迹。那么"神光"将更加光亮，《青少年心语》将更加珍贵。

是为序。

春暖花开

序二

彭瑞林老师是神光心理咨询中心的首席专家，是业内屈指可数的翘楚。在20多年的心理咨询生涯中，他以丰富的人生阅历、雄厚的知识储备、睿智的洞察思考、扎实的探究实践成为了业内的领军者。他研究和突破的许多课题，历经实践的检验和岁月的洗礼，已与他厚重的思想交汇融合，成为了"神光"惠及四海、福泽万方的遵循。

本次刊印的《青少年心语》涵盖了彭瑞林老师50多年来"学、做、悟"的人生哲理和思考，凸显了他大匠运斤的深厚造诣和玉汝于成的菩提之心。书中秉持的济世思想，是对中华传统文化的继承和发展；书中蕴含的真知灼见，是对古今成功方略的浓缩和提炼；书中独到的和合理念，是对孔孟处世哲学的创新和延展。它既是助力我们立德、立行的方法论，又是指引我们修身、齐家的智慧源；既是引领我们扬帆远航的灯塔，又是校正我们前行方向的北斗。当你把它根植于身心、交融于血液、浸透于骨髓时，你的人生就会走出迷茫，踏上坦途，乘风破浪，直济沧海。

所以，《青少年心语》本就不是读的，是用来悟的。悟懂其字句，悟透其思想，悟明其理念，悟得其精髓。

愿每一位有缘人都能在《青少年心语》中偶遇成长的急需、结缘成功的所需、牵手终生的必需！

甘肃小条

序三
谁能阻挡那道光

一个人几十年如一日,在生活中为别人答疑解惑,记下自己对生活独到的理解与体验,经过文字的梳理,让沉重的生活轻快起来,让芜杂的俗事通过心灵的淘洗而焕发光彩,由此生发了愉悦、智慧的光芒,成为"神光"学子生命的珍宝。这就是神光心理咨询中心创始人彭瑞林老师智慧的结晶——《青少年心语》。

拜读《青少年心语》,犹如沐浴在"神光"柔和的光影中。

在一家人面对鸡飞狗跳、焦头烂额的亲子教育时,他为亲子关系这样注解:"孩子与父母的互动模式永远是尝试,你强他就弱,你弱他就强。""没有教不好的孩子,只有不会教的父母,成功的孩子成功在父母的心里,失败的孩子失败在父母的嘴里。"

当人们在处理"一地鸡毛"的家庭婚姻关系时,他举重若轻地定位婚姻关系:"最难的不是人际关系,而是夫妻关系,只要有能力将夫妻关系处理好了,事业就会顺风顺水。""夫妻间及时打住、闭嘴、认输或主动赔礼道歉,不是证明自己理亏或是胆怯,而是更爱更在乎对方或是家庭。"

语言是心灵沟通的桥梁。怎样与人交流是有效的?彭瑞林老师强调要谨言、要学会换位思考:"一个人说话如果不经过自己的脑子,那么他的话就会经过别人的脑子。""你说的是什么不重要,他听到的是什么才重要;你做了什么不重要,他觉得你做了什么才重要。"

与人相处，要尊重身边的人，这是自己修养的体现。他说："尊重别人是因为你比别人优秀，尊重父母是天理，尊重长辈是天道，尊重领导是天职，尊重同学、同事是本分。"

他推心置腹地告诫年轻人："职场上我们需要的是做一行爱一行，而非爱一行做一行。""做事情不是为了得到表扬，但绝对不是为了得到批评。"

在人生道路上，怎样的人生才有风采？怎样做人更成功？《青少年心语》都有答案："存一颗敬畏之心，存一颗仁爱之心，存一颗感恩之心，守住本分，守住底线，不论做人还是做事，才会走得更稳，走得更远。"

世事洞明皆学问，人情练达即文章。彭瑞林老师的"心语"源于他拥有通达、智慧的心境。读完《青少年心语》，犹如一道幸福之光照射进了混沌黑暗的世界，会让你心底澄澈透明；会让你对待周围所发生的一切有更从容的态度，看人或事物的眼光必定独特，让你笃信万物有解。这时你再看一朵花，心里会美半天；凝视一轮明月也仿佛听到回音，谈论过往也会云淡风轻，即便处在窘迫的困境中也会让你幽默诙谐一番。

心中有爱，眼底有光。彭瑞林老师眼中的光一定是绝美的。这种美来自他做心理咨询几十年独到的感悟力，以及他以师者特有的襟怀气度关注世界、悲悯苍生的慈悲情怀。

纵观《青少年心语》这本书，我们从中看到了他坚忍不拔的自我修炼，也感受到了他孜孜以求的钻研精神。他关注青春洋溢的生命，注解烦琐的家庭婚姻关系，道出职场生活的真谛，为处在混沌人生路上的人指明了前进的方向。

有幸被彭瑞林老师特邀作序,有机缘再次走进《青少年心语》。孟子曰:充实之谓美。我心,然也。

子非鱼

序四
读懂做实皆是福报

第一次看到"泗泾"这个地名，就是在"神光"的网站上。这两个字给人的第一印象就是：水多。到了泗泾之后，能真切感受到泗泾水系纵横，四通八达，环境幽静温润，真是个好地方。见到彭瑞林老师之后，才真正理解了一个耳熟能详的词：上善若水。

老子《道德经》第八章有这样一段著名的话："上善若水。水善利万物而不争，处众人之所恶，故几于道。"这段话的意思是，最高的品质应该和水一样。水善于助万物而不与万物相争。它停留在人们不喜欢的地方，所以接近于道。

彭老师在讲课的时候，也经常会讲到《道德经》

的第一句：道可道，非常道。

如果说这本书需要集中概括的话，我觉得引用这两句话最为贴切。其一："上善若水，水善利万物而不争，处众人之所恶，故几于道。"可以用来总结彭老师半生行事准则和轨迹，度己度人，炼得真金，随手拈花即是功德；其二："道可道，非常道。"可以概况彭老师的理论概念的集成，本书金句纷披，读懂做实皆是福报。

彭瑞林老师始终秉承"顺势而为"的原则，对每个孩子因势利导，循循善诱，所以瓜熟蒂落、水到渠成，所以有了今天桃李芬芳、几百名孩子人生得以重新改写的成就——他们无论拾级而上，还是超常跨越，都积聚了无穷的力量。

彭老师也始终以"非常道"身体力行的实践，滴水穿石,历经数载,填补了心理学理论的空白。特别是在"厌学"这个近年来社会热点集中的领域,以非常道、非常理、非常态的方式,从根本上解决了这一难题。

作为彭老师的学生,此书的许多句子不用多想,都能脱口而出,如果还能想明白、做得到,则此生无忧。

我与彭老师因缘际会,有缘师从,悉听教诲,受益无穷。也因此有时口无遮拦,想说就说。对书中一些句子的用词用语与彭老师沟通颇多,甚至也有分歧,但在此过程中,更加理解了每一言每一语的深刻用意,也更加理解了彭老师为人之师的良苦用心。

书是给读得懂的人看的,课是给听得懂的人讲的。这都是缘分。一本书印刷出版,作者的任务已经完成,剩下的都是读者的事情。能从书中得到多少,看资质,也看努力。彭老师的金句不难懂，特别是他多年讲课，一直就是为让人"听得懂"讲的，但是能否做到，全看你自己。

我的建议是：听懂一句，就做到一句，听懂两句，就做到两句。

人的一生中，能够看到的算计的，都是小事，只有一步一步往前走的，才是真正的未来。

彭老师多年教会学生的，就是在小事上不算计，要以走好每一步的姿态，做好当下每一事，放眼长远，赢得最好的未来。

书中句句环环相扣，自成体系，行事原则均在举手投足之间，最终回到根本：上善若水，利人利万物，从而利自己。

读书最高境界：看山还是山，看水还是水。

愿大家开卷之时，脑清目明，醍醐灌顶。

山抹微云

序五
大匠运斤 玉汝于成
——《青少年心语》学习心得

此生有幸能与彭瑞林老师相遇，在朝夕相处的两年多时间里，他极具专业的知识储备、无我利他的济世思想、润物无声的以身为范、关注细节的教诲点拨，深深地震撼了我、影响了我、改变了我。我的三观因他再归正，我的心智因他更成熟，我家孩子因他重拾阳光快乐，我的家庭因他重归和睦幸福。

当然，我从"神光"得到的远远不止这些，而从"神光"受益的人们更是难计其数。彭老师为什么会有如此才略，答案就是凝结着他实践经验和卓绝智慧的《青少年心语》。作为一名幸运者，我和"神光"大家庭中的每一位成员一样，深得彭老师的教诲和点化、深受他的心理咨询专业思想影响和洗礼。值此彭老师六十寿诞暨《青少年心语》装印成书之际，特将自己学习和实践的感悟和心得做一小结，借以表达我对彭老师的由衷尊崇、无尽感激和诚挚祝福。

一、我对"神光工程"的认识

彭老师站在宇宙的视角审视万物的结果，涵盖了他对生命和人生的思考，囊括了修身、齐家、为学、养生、亲子教育、婚姻家庭、职场关系、人生成长等领域的综合思想体系和实践方案。《青少年心语》彭老师重点聚焦青少年这一群体，历经30多年的躬耕实践，以解决他们在成长过程中所面临的身体和心理健康、综合素质及能力提升等问题为目标而凝练出来的一套系统、完备、科学的集大成之方略。

当彭老师将关注的目光投射到青少年这一群体时，他思考问题的维度由宽泛转向了具体、他突破课题的抓手由研究转向了实践、他济世救难的方式由立说转向了力行。他将至优的方案融汇到日常生活的点滴细节，创立了自成一家的"神光疗法"；他将济世的宏愿润化于目视可见的方方面面，靠实到内涵丰富的"神光工程"。

（一）让孩子身心健康、提升能力的目标工程

随着现代文明的高速发展，生活在当下的人们压力越来越大，当这种压力以各种方式、从不同渠道投射到青少年这一群体身上时，种类繁多、表象各异的各种心理问题就在这一群体中几何倍数地增长。但到目前为止，业界解决心理问题的方法还很单一，且弊端很大：一是情绪疏导短时间内会有作用，但是没有解决负面情绪的来源问题，所以只是治标不治本；二是药物治疗更多是在临床上对心理疾病病症有治疗作用，但是具体机制并

不明确，而且副作用很大，在减弱负面情绪来源的同时会对正常生理造成不可逆的伤害。而彭老师所独创的"神光疗法"却完美地破解了这些棘手的问题。

1.运动——以"动"除旧布新、重构健康。"神光疗法"的运动包括走圈、跑步、大笑、唱歌、汗蒸、早晚操等。每一位慕名来到神光的家长，都会幸运地和孩子一起与彭老师进行一次别样的"品茗聊天"，都必须交一份孩子详尽的《心路旅程》，彭老师则会以自己敏锐的洞察和专业的研判在其中提取最有价值的信息，为孩子量身打造在"神光"第一时段的调节方案，其核心内容就是对孩子上跑步机跑步的个人设计。这个设计以上机跑步为主，辅以走圈、大笑、唱歌、汗蒸、早晚操等运动，紧密结合每个孩子的具体实际，在运动的内容、形式、方法、时间、强度等多方面加以个性化定制，并根据家长和孩子的配合程度及孩子的进步情况加以动态调整，最终通过方案的实施，使孩子在身体方面达成祛除体内寒湿毒邪、消减各种躯体症状、打造标准健康体质的目标，在心理方面达成阻减负面情绪来源、解除心灵枷锁桎梏、重建乐观阳光心态的目标，并为第二时段的智商提升做好搭头起步的准备。

2. 技术——以"静"清心修性、提升智商。"技术"是彭老师综合儒、释、道三教及中国传统养生文化之精髓，结合当今康养前沿的最新科研理念，兼顾人的身、心两个方面，删繁就简、去芜存菁，历经多年实践而创立的一项大道至简、易于操作的独门绝技。跟"运动"的"动"相对，"技术"的特征是"静"。做"技术"的基础要领是"闭目静坐、鼻引口吐、意随气动"，具体操作时对人的坐姿、气息和意念都有严格的规范和要求。当孩子们的"技术"造诣达到一定的高度和标准时，根据自身的需要，还可有方向性地选择由基础性"技术"

所派生出的功能技术，如睁眼技术、睡觉技术、场景技术等。虽然"神光疗法"的"技术"和"运动"在形式上是叠加进行的，但"技术"实属调节方案的第二时段。它的主要功能一是对"运动"所有收效的深化、巩固和提高，二是吸清吐浊、修炼心性、强化专注力、提高记忆力，最终达成以"技术""量"的积累促成智商"质"的提升的目标。

3. 综训——以"练"开阔视野、锻造情商。大多来到"神光"的家长，都是经历了各种尝试无果后，抱着试一试的心态而来的，他们的初始目标都很单一，那就是解除因心理问题给孩子带来的痛苦。所以从一开始，家长们根本就没有提升孩子智商的奢望，更谈不上要锻造他们的情商了。但你真的就是这么幸运——因为彭老师早就为你备好了第三时段的调节方案。

为锻造孩子们的情商，提升他们的综合能力，培养驰骋社会的精英，彭老师为他们量身定制了极为丰富的综训活动：早课、标兵茶、预约走圈、标兵展示、写欣赏日记、各种场景的模拟演训……应有尽有、举不胜举。不论是庄重严肃的各类正式场合，还是日常生活的每个细枝末节，彭老师都将它们打造成了锻造情商的熔炉、提升能力的战场，利用一切可以利用的机会全面提高他们的"组织、沟通、协调、管理、人际关系、言语表达、调节情绪和处理问题"等八大能力，以实战化的综合训练和专业化的点评指导达成锻造孩子们情商的目标。

（二）让个体破解困局、实现自我的幸福工程

这里的"个体"或指孩子，或指家庭，或指人生。每一位有缘成为"神光家人"的孩子或家长，在基地完成生命的重启、重拾家庭的幸福、实现人生的转折后，最终都会发出同样的感慨——自己在"神光"得到的远

比想象中的还要多。

  1.**以父母的改变破解制约孩子心理健康的困局，实现孩子的幸福**。因专业知识的欠缺，当孩子出现心理问题时，大多数的父母很难找到问题的根源所在，而能找到根源的极少数父母又面临着无计可施的窘境。彭老师曾不止一次地提点家长"孩子的问题就是父母的问题""要想改变孩子就先改变父母"。彭老师不但找到了问题的根源，而且找到了解决问题的办法，他不但是这么说的，同时也是这么做的。为从源头上彻底解决问题，彭老师一是以"家长茶、家长预约走圈、早课连线、写听后感、点评听后感……"等为手段改变家长的思想认知；二是以日常的接触、观察、询问、家长汇报等为渠道对家长与孩子的互动模式进行全面的了解，从中找到问题的症结，进而通过反复的提醒点拨改变家长与孩子的互动模式。随着父母的思想认知和与孩子的互动模式的改变，孩子的负面情绪来源问题就会得到根本性的破解，孩子的心理问题便会加速康复，孩子的幸福感自会大幅提升。

2. 以男人的担当破解影响家庭温馨和谐的困局，实现家庭的幸福。这里的"男人"不是单指男性，而是特指在家庭中能同时扮演好丈夫、父亲、儿子等多重角色的"男人"。他有责任、敢承担，是家里的"定海神针"，是能给老婆、孩子一个安全、温馨、舒适的家的人。男人对于家庭的重要性，从彭老师的一句格言"家庭的问题就是男人的问题"中可见一斑。有幸得到彭老师教诲和点拨的人都知道，彭老师对亲子关系、夫妻关系、婆媳关系等都有自己独到而科学的见解，更有处理好这些关系的特别手段和精妙方法。其见解唯家庭的幸福为指向，不受传统的束缚、没有道德的绑架，其手段和方法以男人的担当为基点，简单而易行、周全且有效，从而能最大限度地破解影响家庭温馨和谐的困局，使家庭的幸福度显著提高。

3. 以自我的强大破解事关人生精彩成败的困局，实现人生的幸福。彭老师经常对孩子们说："我不光要让你们幸福，还要让你们的父母、你们的子女幸福，我的目标是至少管三代。"为达成这个目标，彭老师紧扣《青少年心语》中亲子、婚姻家庭、职场、人生四大篇章的精髓要义，一是让家长们通过学习和实践强大起来，改变固有的陈腐观念、炼就过硬的本领技能，把事关自己、孩子、爱人乃至家庭前途和命运走向的主动权都牢牢地掌控在自己手中，从而在前行的道路上少走弯路、抢占先机、把控全局，实现人生的幸福；二是让孩子们通过学习和综训强大起来，掌握当下与父母、老师、同学、朋友等的互动技巧，学得将来与爱人、子女、同事、领导等的相处艺术，从而在奋进的征程中见招拆招、破解困局，开辟似锦的前程、实现人生的幸福。

（三）让"神光"惠及四海、福泽万方的济世工程

彭老师既有善小而为的品格，更有济世救难的宏愿；既有顺其自然的从容，更有时不我待的紧迫。为使博大精深的理论润泽更多的苍生，强大的责任感让他不敢有一丝一毫的懈怠；为使神奇精妙的"神光疗法"惠及更多的人群，紧迫的使命感让他负起了舍我其谁的担当。

1. 用以身为范的言行感染身边的人。"学高为师，身正为范"。彭老师不仅具有雄厚的知识储备和专业的实践创新，更难能可贵的是，在日常的生活和工作中，他以身为范的言行感染着身边的人。他把与师母、子女、学员、家长以及形形色色、方方面面人们的互动都演绎成了艺术、外化成了标准，成为人们争相学习的典范。而离他最近的家庭成员、亲朋好友以及基地的家人们，就自然而然地成为了最先受益的群体。在他以身为范的引领、带动和感染下，遵规守线的亲子互动蔚然成风，

亲密和谐的夫妻恩爱成为时尚，和而不同的人际理念深入人心。这些第一梯队的受益者因此幸运地重拾了家庭的幸福、达成了工作的舒心、开启了可期的前程。

2.用"爱的传递"的善举帮助有缘的人。彭老师是有着大爱的人，受他教诲、点化、感染而成长起来的"身边的人"也自然不乏大爱的品质。在彭老师润物无声的影响下，他们也有了救人于水火的恻隐之心、渡人于危难的济世之愿。当看到身边许多的孩子还在痛苦的泥潭中挣扎、许多的家庭还在无解的困局中煎熬时，他们都会热情地伸出双手、无私地提供方案，全力以赴地为孩子树信心、尽心竭力地为家长引路子。于是，一张由点及线、由线及面的爱的大网就此铺展开来，彭老师济世的大爱就此在"身边的人"的善举中接续传递，一拨又一拨的有缘人因此幸运地找到了圣地、走近了大师，开始了浴火涅槃的自我重生，同时又肩负起"爱的传递"

的薪火接力。正是这种"爱的传递"的善举,让一个个"有缘的人"都幸运地变成了"身边的人",一个个"身边的人"又不断地帮到了"有缘的人",以爱为介,次第花开。

3. 用公益服务的效应泽被天下的人。"身边的人"在数量上毕竟有限,"有缘的人"在受众上终究不广,这给彭老师理论的深植远播带来很大的制约,致使太多苦苦挣扎的孩子和茫然无助的家长无缘觅识良师,只能在苦寻不得的循环中痛楚煎熬。为打通这个壁垒,让更多的家庭在"神光"沐浴下受益,让更多的孩子在"神光"沐浴下重生,彭老师怀揣兼济天下之心、抱守福泽万方之志,几十年如一日地在学校、医院、公司、工厂及电视节目、杂志专栏、神光官方网站和 APP 等各种媒体上进行专题讲座、承接咨询服务、发表署名文章、解答热点问题,满腔热忱地开展公益活动、不厌其烦地义务答疑解惑,足迹遍布天南地北、效应泽被士农工商。越来越多的孩子因此解除了桎梏心灵的枷锁，重拾起久违的自信、阳光和快乐；越来越多的家庭因此找到了幸福和睦的密码，收获到难得的甜蜜、温馨与和谐。

二、我的学习实践偶得

在"神光"与孩子共同成长的两年多时间里，和在基地时一样，彭老师的厚重思想时刻都在影响着我的三观，彭老师的教诲点拨时刻都在规范着我的实践，长期下来也颇有所得。

（一）理论的变现见真功

彭老师有着济世救难的慈悲情怀，更难能可贵的是他能将心理学理论付诸实践。也许"神光疗法"与其他流派的康疗思路也有相通之处，这个世界也不乏怀抱济世之愿的志士，但将理论付诸实践并取得成功的人则是难能可贵的。要想在这个领域涉足并取得成功，不但要掌握易执行、可操作的手段和能管用、保奏效方法，而且要具有不服输、不言败的韧劲和不妥协、不气馁的坚持，两者必须齐备、缺一不可，而彭老师真的做到了。

（二）至简的方法藏大道

刚来"神光"不久的家长和孩子，以及对彭老师认识不够全面的一些人，一般都会有一种错觉：一是觉得"神光疗法"不过如此，甚至简单得不值一提；二是觉得彭老师虽有济世救人之心，但少主动热情之行，尤其对新来的孩子都爱理不理。如果你真的这么认为，那就大错特错了。为使每一个渴望被救赎的孩子适应新环境、融入大家庭，及早地进入调节训练，尽早地完成浴火重生，彭老师把每个孩子进行心理调节所需的至要关键都精准地定置到了你所不经意的细节、把每个个性化的调节方案都区别在了被你忽视了的毫末、把救赎孩子的悲悯与急切都转换成了对孩子康复最为有利的忽视和从容。最后呈现在你眼前的"简单"与"忽视",其实却是经过了科学严谨研判和精心细致打磨后的"复杂"与"关切"。你之所以觉得彭老师的理论和"神光疗法"简单,那是因为大道至简;你之所以觉得彭老师时有言少、偶有冷漠,那是因为大爱无言。这就是所谓的"大象无形,大音希声"吧。

(三) 充分的信任是前提

信任是世界美好的基础,是重要的社会综合力量,"离开了人们之间的一般性信任,社会自身将变成一盘散沙"。关于信任的重要性,早已在不同学科的研究者中达成了高度的一致,尤其在心理调节的过程中,其作用更是举足轻重,它直接影响着康复的时长、进度和质量,甚至决定着最终的成败。凡在"神光"涅槃重生的孩子,他和自己的家长必定同时具备着一个共同的特质,那就是对"神光疗法"及彭老师本人的高度信任。如果我们在刚到基地的初期对所面临的一切抱有质疑，那是情理之中的事；如果你在基地待完了一个月的尝试性心理调节期后还没有建立起这种信任，那只能说明两个问题：一是你对这里的一切了解得还不够全面深刻，二是你对这里的一切已经有了详尽的了解，但却没有得到你的认可。无论是两者中的任何一种情况，对孩子的康复来说无疑都是致命的硬伤。凡是称得上"神光家人"的家长和孩子都知道，这里的信任包含着两个方面，一个是家长的信任、一个是孩子的信任。家长的信任是"外力"的源头，孩子的信任是"内力"的根本，"外力"和"内力"在孩子的康复过程中缺一不可、极为重要，而充分的信任则是保有它们的必要前提。

（四）完全的配合很重要

在孩子进行心理调节的过程中，信任是"外力"和"内力"的必要条件，而"外力"和"内力"又是配合的必要条件，配合则又是康复的必要条件。它们是一脉相承、环环相扣的。有相当比例的家长或孩子，或是信任度建立得还不充分，或是"外力"或"内力"尚有欠缺，对彭老师为其量身定制的调节方案总是不能做到完全配合，有的仅仅只是做到了部分配合。毫无疑问，这会对孩子的康复造成极大的影响，比如：时间会更长、进度会更慢、质量会更低，甚至康复的成功率都会大打折扣。需要强调的是，这里的配合不是单指孩子，还包括家长，家长的配合与孩子的配合同等重要、不可或缺。其中家长的配合包括强大的后勤支持和"外力"的持续存在；孩子的配合包括"内力"的接续保有和矢志不渝的坚持；家长和孩子共同的配合包括勤勉的学习进步和不打折扣的执行等。

（五）个体的差异需直面

从初来"神光"到孩子毕业，很多的家长都曾质疑过自家孩子的调节方案，很多家长或孩子都曾出现过期望的落差。这种质疑和落差主要有：为什么别的孩子的调节步调紧凑而有序，而自家的孩子在很多环节上都要"等等再看"？为什么别的孩子不到一年就毕业了，而自家的孩子要等到两年以后？为什么别的孩子毕业时各方面的状态都很好，远远地超过了原本的预期，而自家的孩子仅仅只是达到了毕业的要求？这里我们就不得不说到一个"个体差异"的问题，其中包括：

1. **自身条件的差异**。有身体状况、年龄大小、出现问题的时长、问题种类、严重程度、用药情况、配合程度等。

2. **调节方案的差异**。彭老师会根据每个孩子自身条件的差异，制订出最适合孩子的调节方案，每个孩子各不相同。

3. 毕业标准的差异。因自身条件的差异，每个孩子的毕业标准也是不一样的，我们所要参照的对象应该是刚来"神光"时的自己，而不是毕业时的别人。

《青少年心语》中有这么一条："我们要有能力改变那些我们能改变的，我们要有勇气接受那些我们不能改变的，我们要有智慧区分这两点。"不光是在"神光"，在人的一生当中、在面对任何事物的时候，我们都应该具备这种认同，断舍跳起摸高的痛苦、活在"只登一步"的当下，坦然直面自身的个体差异，尽情享受源自满足的幸福。

（六）关键的重点要坚持

这个世界上从来都没有一劳永逸的事情，心理调节也是如此。彭老师曾形象地打过一个比喻："人人都如一个蓄水池，池中的水就是负面情绪。当池中的进水量等于或小于出水量时，我们的情绪是稳中向好的；当池中的进水量大于出水量时，我们的情绪就会出现问题。"所以我们每一个人都应该清醒地认识到，孩子从"神光"毕业回到家后，并不是就意味着万事大吉了，我们要以关键重点的坚持确保孩子的"进水量"等于或小于"出水量"，把孩子的情绪牢牢守在一个相对稳定的状态。

1.回到家后要坚持的共性化事项。孩子：运动、技术、向彭老师汇报自己的情况，每天各一次；有条件的可以加上唱歌和汗蒸，每周各一次。家长：向彭老师汇报孩子的情况，最好每天一次；早课连线学习，条件允许时有则必连；研读、实践、体悟《青少年心语》，常态化坚持。

2.《计划书》中要坚持的个性化内容。每个孩子毕业时，彭老师都会亲自为其制订一份专属于这个孩子的个性化的《计划书》。其中的内容既注重了孩子当下的实际，又洞见了孩子今后的可能；所提的建议中既有接续巩固的任务，又有应对问题的方法。

3. 关键点上要坚持的常态化"充电"。这里的关键点包括：中考前、高考前、紧张的一学期结束后、其他导致孩子情绪波动的情况发生时。孩子毕业回到家后，如逢以上关键节点，家长都要毫不犹豫地陪孩子回基地"充电"，确保"池"中的"水"量始终保持在合理区间。

在孩子毕业离沪的两年时间里，时空拉伸了我与彭老师间的距离，接受大师的点拨指引受到了极大的制约，除了少有的文字汇报和早课连线，我汲取营养的主要渠道就是研读彭老师的书。我是一个喜欢干净整洁的人，但我的床头却经常放置着两样东西，一样是我不敢离身的手机，一样是我不愿离心的秘籍。只要稍有空闲，我必双手捧起彭老师的书，认认真真地研读、仔仔细细地品味，看一遍就有一遍的收获，读两遍就有两遍的心得，其中的智慧与能量，取之不尽、用之不竭。

一位普通的"神光"家长

2023 年 8 月

自序

今年，我从事心理咨询快30个年头了，每每回顾过往，都感触颇深。这一路走来，既有收获的喜悦，更有前行的艰辛。在面对各种挑战和困难时，我也想过放弃、想过逃避，但之所以能走到今天，之所以能取得如此骄人的成绩，离不开"神光家人"们的信任、支持与陪伴。因为在孤独的前行中，无论我遇到什么样的艰难险阻、无论我遭逢什么样的暴风骤雨，大家总能群策群力、竭力相助，帮我出主意、想办法、托关系，齐心协力地帮我渡过难关，确保基地顺顺利利、平平安安。

每回我的生日临近，你们都会从四面八方不约而同地赶往上海、涌向"神光"，只为能在这个再平凡不过的日子里，为我献上一曲感恩的新歌、敬上一杯醇香的美酒、送达一句真诚的祝福，以这种最为淳朴的方式表达对我的无尽感激。

是你们的竭力相助让我在历经艰辛坎坷之后依然能健步行于坦途，是你们的支持陪伴让我在有过放弃逃避之后仍然能信念如初坚定。

谢谢你们！

感谢助理团！是你们的倾心竭力实现了我的立言。

我一直都在思考：《青少年心语》为什么能付诸出版、其中的内容为什么会日渐丰富，蕴含的思想为什么会为人称道？当然，这里既有我善小而为的坚持，也有我济世救难的宏愿；既有助理团对《青少年心语》的收集整理和校勘校对，更有你们对《青少年心语》印装成书的满腔热情和鼎力推动。

你们用源自心底的热情和细致认真的严谨，将我在这些年工作中凝练出的经典格言收集整理、数易其稿、分门别类、对应归位、封装成册。

谢谢你们！

感谢家长们！是你们的充分信任成就了我的事业。

当初在选择走心理咨询这条路时，我就知道自己要走的道路是少有人迹、崎岖不平的，是荆棘丛生、凶险坎坷的。但我早就把救赎更多的孩子、挽救更多的家庭当成了我的事业。面对一路的艰难险阻，是你们用充分的信任不断地让我坚定走下去的决心。

当看到一个个的孩子体格强健、乐观阳光时，

当看到一个个的孩子智商飙升、情商过人时，

当看到孩子们的父母夫妻恩爱、亲密和睦时,

当看到一个个的家庭温馨和谐、幸福美满时,

……

我就在想,这就是我所要的,我所做的一切都是值得的。这就是我生命的价值所在,这就是我事业的终级目标。是你们用充分的信任成就了我的事业。

谢谢你们!

感谢孩子们!是你们的成长蜕变开启了我的宏愿。

当年,我之所以将关注的目光投射到青少年这一群体,将自己的事业定位于心理咨询,是因为我看到了太多家长的伤心泪水和绝望眼神、太多孩子的无助迷茫和

苦苦探寻。于是,我就立下了济世救人的宏愿,我要用自己的理论创新和不二专业救赎孩子们的灵魂、拯救深陷泥潭的家庭。而今,你们一个个——

从以前的拘谨腼腆,变得落落大方;

从以前的愁眉苦脸,变得开心快乐;

从以前的沉闷无声,变得阳光开朗;

从以前的不善言辞,变得能说会道;

从以前的胆怯懦弱,变得勇敢坚强;

从以前的瞻前顾后,变得干净利索;

从以前的沉沦颓废,变得精神振奋;

从以前的自卑，变得自信；

从以前的死要面子活受罪，变得"不要脸"；

从以前的不知道什么叫赔礼道歉，变得很自然地说"对不起"；

从以前的恐惧学习，变得爱上学习；

从以前的不愿上学，变得期待上学；

从以前的痛苦学习，变得快乐学习；

从以前的学渣，变成学霸；

从以前的"黑心棉""白眼狼"，变成"小棉袄"；

从以前的对父母唯命是从，变得能大胆说出自己的

观点;

从以前的其貌不扬,变得伟岸挺拔、亭亭玉立;

从以前的唯唯诺诺,变得八大能力(组织、沟通、协调、管理、人际关系、言语表达、调节情绪和处理问题)全方位提升;

……

你们的华丽转身得益于"神光工程"的泽被普惠和"神光疗法"的神奇精妙,得益于我的躬耕实践和孜孜以求,得益于我对世界级难题"厌学与网瘾"的彻底攻克,得益于你们自己的顽强毅力和奋进拼搏。

看到你们身上让人惊叹的蜕变、看到基地大厅满挂的一百多面锦旗,我甚是欣慰。是你们的成功蜕变和涅槃重生让我开启了自己济世救人的宏愿。

谢谢你们！

回首过往，感慨万千……

面对当下，任重道远……

展望明天，道阻且长……

"但既然选择了，即使跪着也要走下去。"因为我要对自己的选择负责，也要对选择我的孩子和家长负责。我要用自己的不懈努力让"神光工程"和"神光疗法"影响身边的人、救赎有缘的人、泽被天下的人。

在凝结着我近 30 年心血和思想的《青少年心语》将装印成书之际，在我 60 岁生日来临之时，让我再次用满心的真诚，感谢你们对"神光工程"的肯定和对"神光疗法"的笃信！感谢你们对我辛勤付出的认可、对我事业的支持和对我宏愿的成就！感谢你们对我的充分信任、感恩感激、鼎力帮助和一路相伴！感谢你们对《青少年心语》付梓的祝贺！

在此，我再次向各位嘉宾和家人们郑重承诺：我不会让认识自己的人后悔认识自己；只要我在，我就是你们最坚强的后盾。

真诚祝愿"神光家人"们——好人一生平安！

彭瑞林
2023年8月于上海

亲子篇

亲子篇

孩子的一切不良言行都是父母默认的，父母在孩子发脾气下的妥协就是对孩子错误言行的最大纵容。

伤害身体的"最好办法"就是挑战身体极限；伤害孩子的"最好办法"就是不断地去忽视他、否定他或是打击他。

孩子与父母的互动模式永远是尝试。你强他就弱，你弱他就强；你坚持他就妥协，你妥协他就坚持。

在与爱人或孩子的互动中，可说可不说的一律不说，说了没用的一律不说，说了做不到的一律不说，说到必须做到。

不要觉得孩子长大了，所有事情就都应该明白，而忽视了自己以前是否教过孩子，孩子是否真正听懂这些人生常识和生活常理。

没有教不好的孩子，只有不会教的父母。成功的孩子成功在父母的心里，失败的孩子失败在父母的嘴里。

培养孩子有选择性障碍的最好办法就是事后不断地去批评、指责和打击他。

孩子的自信来自于父母的全方位欣赏和自己多种能力的具备，如：组织、沟通、协调、管理、人际关系、言语表达、调节情绪和处理问题的能力。而不是来自于学习成绩、家庭地位和父母的收入。

孩子的成就感来自于父母的关注、认同和肯定；孩子的安全感来自于家庭的和谐和父母教育孩子的一致。

建立安全感的最好方法是父母帮助孩子一起去解决孩子解决不了的问题，而不是父母代替孩子去解决问题。

家庭和谐是孩子健康成长的前提和保障。因为家是孩子人生的起点，是孩子梦想起飞的地方，是能够让孩子遮风避雨、停靠心灵的温馨港湾，是孩子心灵的归属之地。

溺爱下的人特别自私，自私的人没有爱的能力，这种人只爱自己不爱别人，包括他的父母。

现实中，往往是孩子把父母研究得透透的，父母对孩子却一无所知，还自以为是地认为自己特别了解孩子。

父母控制孩子的方式通常有两种："爱"和"还不是为了你好"。

父母爱孩子的出发点肯定是对的，但是方式却不一定正确，不正确的方式同样会导致孩子不快乐，甚至会毁掉孩子。

从小给孩子培养的爱好越多，孩子成年后的爱好就会越少；从小为孩子做得越多，孩子成年后的行动力就会越差；从小替孩子想得越多，孩子成年后的生活能力就会越糟糕。

如果父母想把自己好的经验传授给孩子，就必须采用孩子喜欢的方式和方法，否则，孩子宁可多走弯路也不会接受。

"防患未然、防微杜渐、三思而后行"是成年人的行事原则，而"勇敢尝试、勇于试错、三行而后思"应该是未成年人的实践准则。

父母要用自己的经验去判断，只要前面不是"火坑"，就应该鼓励支持孩子勇敢尝试，不管结果是对是错，是成功还是失败，最终孩子都是人生最大的赢家。

没有一个孩子不喜欢学习，没有一个孩子不在意学习成绩，更没有一个孩子不想进步。

孩子与父母博弈，输了，只是痛苦一次；赢了，可能会痛苦一辈子。

消极的父母给孩子带来的是负面的能量，积极的父母给孩子带来的是正面的能量。无论孩子说出的话多么消极，父母都应该把它转换成积极的能量给予孩子。

父母从小不教育自己的孩子，长大后自然有人会教育他；孩子从小不愿意接受父母的教育，长大后自然也有人会教育他。但是，付出的代价绝不相同。

什么年龄就做什么年龄的事情。不支持胎教、早上学、跳级、上少年天才班，也不支持孩子早住校。

夫妻双方都要树立对方在孩子面前的威信和地位，父母如果没有了威信，说话就没有分量，最终受伤的还是孩子。

　　不要夸大孩子的能力、才华、成绩和表现。表扬孩子要真实具体、注重细节，指出他进步的点点滴滴。不要"海阔天空、不知所以、假大空虚"，如：我孩子最棒了、最能干了、最漂亮了、最帅了、最优秀了……

　　孩子就是孩子，他有偷懒、逃避、侥幸、依赖、小心眼等心理很正常，过早地独立、懂事、自律、做别人眼里的"好孩子"反而不一定是好事。

父母要保持外力长久、有效地存在。外力决定了孩子未来的人生方向和幸福指数，内力决定了展翅的高度和距离。

孩子不孝敬父母、不尊重父母、不赡养父母，甚至侮辱、打骂、摧残或虐待父母的根源还是在于父母。

过于勤快的家长培养出来的孩子基本上都是比较懒散和喜欢拖延的人，在与孩子互动中，适当地懒一点、笨一点是聪明家长的做法。

不要老拿别人家的孩子与自己的孩子比；不要老在自己孩子面前谈论别人家的孩子优秀；不要整天要自家孩子学习别人的孩子。因为别人家的孩子是否优秀跟你没关系，但是，自己孩子的快乐与痛苦才与你息息相关。

孩子最讨厌的互动模式是：批评指责、挑剔抱怨、讽刺打击、把持控制、居高临下、自诩权威、"为了你好"等。

离异一方独占孩子是对孩子的不公正待遇，是自私的表现。正确的做法是：让孩子感受到父母表面上是分开了，实际上自己却多了一对父母的爱，自己更幸福了。

当孩子发现你比他更在意某一件事情以后，为达目的，他就会用这件事情来要挟你，他们常用的方法就是"杀敌一千自损八百"。

优秀的成绩来源于学习的效率，学习的效率来源于情绪的稳定，情绪的稳定来源于自我调节的能力。

虽然说"没有父母不在意孩子的学习成绩"，但是，如果在孩子的成绩与健康、快乐之间进行选择时，父母要毫不犹豫地选择孩子的健康与快乐。

家长有三重身份：父母、老师、领导。"父母"抚养孩子成人，"老师"传道授业解惑，"领导"教会孩子遵守规则。

父母给孩子的也许不是这个世界上最好的、最完美的，但是，肯定是父母目前状态下尽最大能力给予的最好的、最完美的。

父母要参与到孩子的成长之中来，因为孩子成长不能太自由，自由过度就是放纵，从小越独立长大越固执。

和谐的家庭里面是孩子说话最多，不和谐的家庭里面是父母说话最多。在与孩子的互动中，父母要学会停顿、学会闭嘴，条件反射式地脱口而出地质疑、否定与打击不利于有效沟通，只会激化矛盾。

在亲子互动中，要允许孩子说出心中的不满情绪，无论是倾诉还是吐槽，无论是对人还是对事。孩子如果不征求家长意见，所谓的可行性建议越少越好，不要去刷存在感；如果孩子征求家长意见，请站在第三方的角度去谈。

全面接受父母的一切,不是单纯地为了获得精神系统的支持,也是为了让自己不会有父母的缺点和不足,更是为了自己的未来更完美、更快乐。

夫妻不要同时批评孩子,不可情绪化管理孩子,不能朝令夕改,要保持管理制度的持续性。

外力的作用是在内力消失或即将消失的情况下,想尽一切办法来推动和唤醒内力,从而达到起死回生的效果。

在与孩子的互动中，父母常犯的三个错误是：不断地证明自己是讲道理的，不断地证明自己是亲生父母，不断地证明自己是爱孩子的。

孩子的问题就是父母的问题，家庭的问题就是父亲的问题。

孩子应该在父母的欣赏中成长，挑剔的父母培养不出优秀的孩子。

在现实中，是父母放不下孩子，而不是孩子离不开父母；不是孩子不愿意长大，而是父母不让孩子长大。孩子过分依赖父母是因为父母更加依赖孩子。

面对孩子的不良或是错误行为，父母如果采取息事宁人或是无条件包容的态度，那么孩子就会把这个错误的成功模式运用到其他人或事上，最终给孩子带来的只有伤害。

在亲子互动中，一味地批评指责不可取，盲目地夸奖表扬也不可取，遇事不建议替孩子做决定，支持在思路和方法上多引导。

孩子的未来飞得有多高、有多远，很大一部分因素是取决于父母与孩子的互动模式。

只要父母觉得这件事对孩子的成长和未来有好处，就必须坚持不懈地做下去，孩子迟早会明白和感激父母的一片苦心。

婚姻家庭篇

婚姻家庭篇

及时打住、闭嘴、认输或是主动地赔礼道歉,不是证明自己理亏或是胆怯,而是更爱、更在乎对方或是家庭,同时也是一种自我保护的需要。

家里不是讲大道理的地方,没有绝对意义上的对错、是非,也不存在绝对意义上的应该与否,因为她是一个温馨的港湾,一切行为都应指向这个目标。

婚姻就像一辆车，而你就是那个司机，你开着它朝着你的人生目标前进。途中如果有人和你志同道合，愿意陪伴着你一起奔向那个人生目标，那么你就让他上车。中途他如果想改变目标或是不愿意陪伴你，那么你就请他下车。但是你的人生目标不要因为他的下车而改变。

　　吵架并不可怕，可怕的是连吵架的欲望都没有。逃避解决不了问题，找到分歧、解决问题才是和谐之道。

　　夫妻之间抬高自己最好的方式就是先抬高自己的爱人。朋友之间、上下级之间，抬高自己最好的方式就是先抬高对方。

在家里什么是大事呢？孩子解决不了的事就是大事，老婆解决不了的事那就是天大的事。所以，男人在家里是专做大事的。

夫妻互动的基础是尊重、理解、信任与包容，彼此间不存在贵贱、高下之别，半斤八两，看不起对方就是看不起自己。

最难的不是人际关系，而是夫妻关系。只要有能力将夫妻关系处理好了，事业就会顺风顺水。

爱人的唠叨是为了家庭的和谐与幸福，爱人的唠叨会导致家庭更不和谐更不幸福。

　　男人的度量决定了婚姻的质量，男人的格局决定了婚姻的结局。

　　不管你的事业如何成功，如果家庭不幸福、夫妻不和谐、孩子不快乐，那么，你依然是个失败者。

父母最大的幸福莫过于孩子的健康与快乐，孩子最大的幸福莫过于父母的健康快乐与长寿。

如果你真的爱自己的孩子，请你把自己的身体和情绪养好；如果你真的爱自己的父母，请你把自己的身体和情绪养好；如果你真的爱自己，请你把自己的身体和情绪养好。

在父母眼里，不管孩子有多大年龄，孩子永远是孩子，只要孩子没有超越父母，那么孩子的话就没有分量，这种情况下，不建议孩子干涉父母之间的矛盾。

不能把老婆变成一个小女人的男人，不能算一个真正成功的男人。

无论是亲子或是夫妻沟通中，最好的方式是倾听，然后，只说自己的想法和担心。切忌批评指责、挑剔抱怨、讽刺打击。

大家都觉得的好人，一般不适合作为结婚对象，他只适合做朋友。幸福的婚姻是跟爱自己的人在一起，梦寐以求的白马王子和公主不一定是最佳结婚人选。

男人不是单指男性，更是指上对得起天、下对得起地、中间对得起自己的良心的人。他有责任、敢承担，是家里的"定海神针"，是能给老婆、孩子一个安全、温馨、舒适的家的人。

在婚姻里，男人是山，女人是水。有水的山生机盎然，无水的山沉静死寂，水给山灵性、山给水依靠。我们要的是山水相依，而不是相互制约。

女人的强势是被逼出来的，再强势的女人内心也是脆弱的，她同样需要宽广的胸怀来包容、宽厚的肩膀来依靠。

为了家庭的所谓和平、和谐和温馨，过分地采取包容、忍让和迁就，换来的往往是任性、自私和放纵。

没有女人喜欢强势，强势的女人都是弱势的男人给逼出来的。

职场篇

职场篇

职场上，如果遇上一位优秀的领导，那是你的福气；如果遇上一个无能的领导，那是你的运气。

职场上，我们需要的是做一行爱一行，而非爱一行做一行。

真正的成功者往往是阳光而不张扬，稳重而不沉闷，最高境界是情绪不外露。

除非有制定游戏规则的能力，否则就要学会逆来顺受。

凡是行业的领军人物，从来就没有人教他们事情应该怎么做，路应该怎么走，面对一切，他们总是孤独前行。所以，享受孤独、承受寂寞是成功者必须具备的能力。

真正成功的人不固执，固执的人不会真正成功。

既然早做晚做都得做，为何不早做；做好做坏都得做，为何不做好。做事情不是为了得到表扬，但是，绝对不是为了得到批评。

那些觉得自己很优秀，是一颗金子，只是没遇到伯乐，生不逢时的人，其实不是真正的优秀者。真正的优秀者是有能力把自己推广出去，让别人发现他是一颗闪光的金子的人。

"大数据"（阅历、经历、经验）是成功的基石，包括失败的、成功的、好的、坏的、有用的、没用的。"人工智能"（就是将前三者融会贯通）是创新能力的基础。所以，要多给自己实践的机会和创造实践的机会。

"宁做鸡头，不做凤尾"的处世原则益于孩子的健康成长，但不利于成人的事业成功。

在现实中，领导与领导之间的利益远远大于员工与领导之间的利益，所以，不支持、不建议越级打小报告。

寻找问题原因的最佳办法，建议从自身开始，因为很少有人会因你而改变。

领导的用人标准：首先是忠诚然后才是能力。

不要对领导不满或是排斥，能当上领导的人一定有其过人之处。

不要用业务能力的强弱去衡量领导，因为领导不是做具体事情的，他的主要功能是识人用人。

你想和什么样的人交往,你就要先成为那样的人。

长期收益需要在短期收益的支持下才能行稳致远,短期收益建立在长期收益的主线上才能进而有为。

不要抱怨周围的人太普通,那是你脱颖而出的陪衬;也不要抱怨周围的人太优秀,那是你学习进步的良机。

不支持员工评价老板，不支持下属评价领导，不支持未成功者评价成功者。因为你没有高度，也没有资格，莫把无知当自信。

放松对自己的要求是对自己不公平和极度不负责任的。

人生篇

人生篇

我们不能改变世界，但可以改变对世界的看法；我们无法改变事实，但可以改变对事实的看法。

我们不能要求世界完美，但可以在不完美的世界里获得属于自己的一份成功和快乐。

和平很多时候是通过战争来实现的，和平只有在强者主导下才能实现，只有强者才能制定游戏规则。

想将自己的利益最大化，想让自己得到好处，首先要学会付出，学会让他人高兴。

原谅他人、包容他人，不是在给他人好处，而是让自己快乐起来。

存一颗敬畏之心、存一颗仁爱之心、存一颗感恩之心，守住本分、守住底线，不论做人还是做事，才会走得更稳、走得更远。

每个人心中都有一杆秤，成与败、名与利、好与坏、对与错，用心去称一称，多与少、得与失，自然会称个明白。

无论是在恋人、夫妻、同事还是朋友之间的交往中，生气往往是我们在用自己的标准要求他人。

我们要有能力改变那些我们能改变的，我们要有勇气接受那些我们不能改变的，我们要有智慧区分这两点。

那些总是觉得世界不公的人，要少想自己没什么，多想自己有什么。

你说的是什么不重要，他听到的是什么才重要；你做了什么不重要，他觉得你做了什么才重要。

只要能随时随地欣赏自己和他人，你就永远不会生气，你就能发现整个世界都是五彩缤纷的。所以，快乐的钥匙就掌握在自己手中。

事不关己，高高挂起，明知不对，少说为佳。

所有的习惯都是从不习惯中习得的，所以，做任何事情之前，不要习惯性地说自己"不习惯"。

没有人会喜欢廉价的爱，也没有人会珍惜廉价的爱，太容易得到的东西，没有人会珍惜。

智者知道自己知道什么，也知道自己不知道什么；愚者不知道自己知道什么，也不知道自己不知道什么。"事后诸葛亮，事前猪一样"不是智者的处事风格。

　　再远的路都是一步一步走出来的，再长的路一步一步也能走到终点。如果迈不开腿，再近的距离也永远不会到达终点。

　　一个不尊重自己的人不会得到别人的尊重，一个不尊重别人的人同样也不会得到别人的尊重。

一个不会让自己快乐的人是没有能力让别人快乐的，一个不会保护自己的人也是没有能力保护别人的，包括他最心爱的人。

交朋友的目的是相互帮助，不是相互利用。朋友之间需要的是相互欣赏、支持、鼓励和肯定，而不是一味地挑剔、指责、批评和否定，因为朋友在一起的目的是快乐，而不是为了彼此的完美。

博弈是手段不是目的，是为了达到目的而进行的一系列行为。所以，博弈之前必须要设定好目标。

如果你在意了,你会觉得全世界的人都会在意;等你不在意了,你会发现所有人都不曾在意。

情绪的稳定压倒一切,平静才是一切的根本之源。只要你学会调节自己的情绪,你就会平静、快乐,你就会发现之前所担心的、害怕的、纠结的、焦虑的事情其实都是微不足道的。

我不敬人,是我无德;我不容人,是我无量;我不助人,是我无善。

大脑是用来思考的，是用来总结经验的，而不是用来纠结事情的。思考是一个自我提升的过程，而不是自我挑剔的过程。

　　不说与场合不符的话，不做与氛围不符的事，更不要随意评判否定他人，无论他是爱人、孩子、同事，还是朋友。

　　人不怕不懂，就怕不懂装懂。人最害怕的不是自己做错了什么，而是不知道自己做错了什么。

快乐其实很简单，就是全面欣赏自己，并且在不影响别人的情况下，做自己喜欢的、擅长的事情。

允许自己说错话、做错事，同时给自己说错话、做错事的机会。年龄越小，说错话、做错事付出的代价就越小。

对不讲道理或言而无信的人千万不要以理服人，息事宁人的结果是对方的得寸进尺。

既成事实，何不坦然接受和面对？因为挫折不一定是坏事，它是经验，也是契机，是助你成功的阶梯。

做比说重要，情商比智商重要，人品比成绩重要，过程比结果重要。

不要尝试去改变他人，更不要把自己的快乐强加在别人的改变之上。

没有人有义务通过你普通的外表去发现你优秀的内在；装睡的人是永远叫不醒的；想象中的困难比现实中的大得多。

想要比一万个人更有出息，就要比那一万个人更能吃苦；想要在万人丛中脱颖而出，就要比那一万个人还能自律。

成功的捷径是拷贝别人的成功经验，然后和自己的知识、经验融会贯通，从而获得助力自己成功的方略。

付出不一定有收获，但是不付出肯定没有收获。没有痛苦哪里来的快乐，没有痛苦就是快乐。

智商高或许暂时能够飞得很高，但是情商高却能够飞得很远。

有多大能力就有多大责任。未来既是未知，也是机遇。懂得越多，就会越感到自己的无知。

没有人能够长时间地做自己不喜欢的事情，也没有人能够长时间地做让自己不快乐的事情。

朋友骗你第一次是你朋友不对，朋友骗你第二次是你自己不对。

尊重别人是因为你比别人优秀。尊重父母是天理，尊重长辈是天道，尊重领导是天职，尊重同学、同事是本分。

自信来自于底气，底气来自于能力，能力来自于勇敢地面对问题、解决问题。

不断地去证明自己有道理、有能力的人其实内心很空虚，自信的人是不用向别人证明什么的。

董姐说："自逼（内力）为王、他逼（外力）为臣、不逼（放任、放纵）为奴。"

人际关系准则：背后不说人坏话，不议论人、不评价人；当面不乱发脾气，不否定打击、不讽刺挖苦、不羞辱漫骂；他人讲话时不打断、不插话、不挑刺、不让人难堪。

要想建立良好的人际关系，就要有"看破不说破"的修为，"看破"只是智商，"不说破"才是智慧。与人品一般的人相处，必须要有"不可不交，不可深交"的遵循。

一个没有真正努力奋斗和拼搏过的人，他永远享受不到成功的快乐、喜悦和成就。

茶杯永远要比茶壶低，因为茶杯懂得谦卑和低调，它知道只有这样才能得到更多。

任何事情都有因果关系，不要看不惯或想不通，凡是存在的就是合理的。

成功者不一定是学习成绩好的人，却一定是人际关系好、言语表达能力强、有学习能力的人。

一个总是担心别人会沾自己的光、会占自己的便宜、总是觉得自己吃亏了的人，是没有格局的人。

　　我们的身份、价值与成就，不是自己说了算，而是别人说了算，只有别人觉得你有，你才有。

　　不做别人肚子里的蛔虫，也不要让别人做自己肚子里的蛔虫，有事用合适的方式说出来，真诚待人最好。

人生就像一张张试卷，等你交上答卷的时候，能够做到问心无愧就是满分。

修为就是自己舒服的同时能够让别人也舒服，自己快乐的同时能够让别人也快乐。

"今天是昨天的明天，明天是明天的今天"，今天是为明天做铺垫的。所以，今天绝不能虚度，今日事要今日了。

格局就是眼光、胸襟、胆识的总称。决定命运的不是智商，不是天赋，而是格局，格局决定了人生的结局。

好习惯是通往成功的阶梯。养成一个好的习惯等于开启了成功之旅，养成一个坏的习惯则是叩响了失败的大门。

强者喜欢欣赏他人、赞赏他人，弱者习惯被人同情、被人理解。

学习无处不在，常抱谦卑之心才能学以致用。

做人的底线：无条件尊重父母、不触犯法律法规、不败坏伦理道德、不攻击社会和他人，先做人后做事。

一个人说话如果不经过自己的脑子，那么他的话就会经过别人的脑子。

不前不后中间走、不左不右随大流。枪打出头鸟，露出来的钉子迟早会被抹平的。

读万卷书不如行万里路，行万里路不如阅人无数，阅人无数不如高人指路，高人指路不如自己悟。

自信的人喜欢肯定和欣赏他人，不自信的人喜欢否定和挑剔他人；自信的人喜欢说：您好、对不起、谢谢，不自信的人从不承认自己有错，更不喜欢赔礼道歉。

除非你乐意接受伤害，否则，没有人能够轻易伤害到你。

再平凡的人都有不平凡之处，欣赏使人快乐，挑剔使人痛苦。

通常情况下，无意识行为才能够真实反映一个人的内心感受和想法，解释，只是想让其合理化的理由。

强者能以自己的人格魅力影响他人,但不会受他人负面情绪的影响。

越无知的人越觉得自己了不得,越了不得的人越觉得自己无知。

改变一个不良习惯的过程是痛苦的,能改变一个不良习惯的人是强大的。

认真是一种习惯，习惯性认真会让你终身受益。

要用心做好所有的事情，因为最终受益的人绝对是你自己。

成功与失败，好习惯和坏习惯，成就他们的是时间。

有一种快乐就是有能力做好自己不喜欢的事情，也有能力做自己喜欢的事情，更有能力做好自己喜欢的事情。

做人的最高境界是不让认识自己的人后悔认识自己。

事后总结能让人进步，但是，事后纠结只能让人痛苦。

俗话说：你的未来你说了算，可现实中你会发现你的未来你说了不算，但是，最终你会发现你的未来还是你说了算。

凡事如果都能养成一个积极面对、不消极逃避的习惯，那么你的未来一定与众不同。

不自信的人喜欢做的三件事情：习惯性否定别人；任何事情都要搞出来个对错是非；外归因，责任外推。

当你放低自己的时候，你得到的会越来越多；当你谦卑和低调的时候，你学到的会越来越多；当你用欣赏的眼光看待周围的一切时，你的快乐会越来越多。

建立人际关系的原理及流程：
——建立亲和力；
——普通朋友交往（陪伴、倾听、关注、理解、认同加肯定）；
——好朋友交往（说对方喜欢的话题＋陪伴、倾听、关注、理解、认同加肯定）；
——知心朋友交往（说共同的话题＋陪伴、倾听、关注、理解、认同加肯定）；
——死党交往（可以随心所欲地说自己喜欢的话题）。

心动是确立了目标,行动是付诸了实践。心动＋行动＝心想事成。

能发现问题、面对问题和解决问题的人,绝对是强者;总是希望得到别人的理解、同情和帮助的人,绝对是弱者。

今天的你可以选择逃避的舒适安逸,也可以选择面对苦痛艰辛,但两种选择给予你的明天却是截然不同的。过去种种只是云烟,而今后种种却是因果。

遇事认真做、用心做,结果坦然面对。

附录

附录
小徐感谢信

上海,一座极具现代化而又不失中国传统特色的都市。10个月前我对它的印象仅此而已,如今我却对这个城市增添了特殊的感情,因为在这座城市里有一位改变女儿一生命运的恩师,有改变我们一家命运的恩师,那就是我们敬重的彭老师!

回忆是痛苦的,但是我愿意将这段痛苦的经历归纳、分享出来,愿所有跟我有同样经历的家庭、孩子能早日走出困惑,早日收获那份属于自己的快乐、健康!

我的女儿今年11周岁,小学五年级。问题出现在去年10月份,国庆期间我和孩子的爸爸去北京学习10

天，7天假期后她就和爷爷奶奶说肚子疼，不想去上学，想在家休息，因为我俩不在家，爷爷奶奶比较顺从她，觉得孩子不会装病，难受在家休息两天无所谓。孩子老师也支持，这么乖巧，学习成绩各方面这么优秀的孩子身体不舒服请几天假算什么事，给假。就这样孩子又连续休了3天。等我们回去后自然带她去做检查，我们两口子都是当地的小医生，看病检查也比较方便，能查的在我们单位都查了，结果什么问题都没有，我们就困惑了。可是孩子这么小不会装病啊，同事就劝我们去大医院继续查，就这样我们相继去了省内几家三甲级别的医院，把能考虑到的检查都做了一遍，结果就给我们一个胃肠痉挛的诊断。可是回去后我又疑惑了，她跟我们去检查的那些天从未出现过疼痛，回去在家里也还好，我们让她去上学，一上学就出问题，老师打电话说孩子肚子疼让带回去休息。开始是耽误一节课，然后两节课，以此类推，而且疼痛是周一最重，周五较轻，这种疼痛的特点医学上肯定是没遇到过的，更为奇怪的是接回家后疼痛就会缓解。

这种痉挛痛真的是让我崩溃，再后来问题更严重了，学校根本进不去了，一到学校门口就开始肚子疼，再发展到一早上起来就肚子疼，再到一提上学就肚子疼。我们俩意识到了问题的严重性，觉得孩子会不会是心理问题？就这样我们开始了各种心理咨询，过程更是曲折，做过沙盘、家排，甚至催眠。我们认为孩子肯定是在学校受什么委屈了，或是有人欺负了，或是有什么心结没打开，想通过心理医生给疏导一下。可是结果医生没少换，越换越严重，所有医生给出的结论共性的问题就是：我们对孩子的关注不够，陪伴她的时间太少，没有站在孩子的角度去想问题，对她的爱不够……弄得我就像是一个后妈，孩子现在的一切都是我造成的。

那么解决的办法就是我全身心地陪伴。没有办法啊，为了能让孩子快点好起来，陪吧。我在单位请了假，孩子也开始停课了，也就是从这时候开始我的噩梦来了，全身心的陪伴换来的不是康复，而是陪伴出了一个小魔鬼。作息时间紊乱，脾气暴躁，蛮横不讲理，玩手机，玩电脑，不按时吃饭，不下楼，不想见人，家里来人就把自己关到自己房间不出来……对我的要求更是苛刻，不允许使用手机，不允许我离开她半步，对我还各种抱怨……此时我不知道有多少家长有和我一样的感受，我想带着她一起自杀，不想让她折磨我，我也不想折磨我身边的人了！真的是绝望了，从未有过的自卑，觉得自己是世界上最失败的妈妈，能把她带到这个世界上来，却不懂她，不理解她，把一个天使培养成了一个魔鬼，我不知道我活着还有什么意义……

就在我万念俱灰的时候，我的弟弟通过网络联系到了"神光",他把"神光"的公众号发给了我,我和老公连夜阅读了上传的文章,突然间觉得有希望了,这上面描述的好像就是我家孩子。第二天一大早我就把孩子的情况写成了大病历（职业病）,然后给彭老师打了大约一个多小时的电话讲述我女儿的整个过程,让我第一次感动就是在我们通话中,他几乎没有打断过我,一直在听。结束后他简单地跟我讲了问题出在哪里,如果我现在不及时干预会导致什么样的后果,给我的建议是让我想办法尽快把她带到上海,剩下的问题他来解决。话不多却给我带来满满的希望。经过家人的努力,顺利地把女儿"骗"到了上海。

也许是缘分,也许是上天注定,彭老师收下了我们,孩子也成了"神光"最小的学员,我们把全部的希望都寄托给彭老师。调节的过程是艰辛的,也是漫长的,但每次痛苦与泪水过后换来的都是孩子的进步,哪怕只有一点点。

　　永远忘不了前三个月女儿在激活期的叛逆。三天一大闹，两天一小闹，从早上起来穿衣开始我们俩就开始意见不统一，吃饭，运动，做技术……真的就没有和谐的时候，她每天都有各种抱怨，一件微乎其微的小事都能让她暴跳如雷，我们俩不断地争吵，孩子哭，我也哭，白天我与孩子寸步不离，上厕所我都得陪着，晚上等她睡熟，10:30左右，我才开始自由，做的第一件事就是给彭老师发信息，汇报孩子一天下来的点点滴滴，好多时候真的不忍心那么晚打扰彭老师，可是没有办法，我只有这个时段有时间，感动的是彭老师每次都给我回复，教我如何跟孩子互动，如何跟孩子沟通。我反复地看，反复地听，去理解，去应用。功夫不负有心人，孩子在一点一滴地变化着。4～5个月时孩子的进步就显而易见了，情绪波动的频率也减少了，程度也减轻了，感觉我自己可以稍微松口气了！

永远忘不了第五个月孩子申请标兵后，彭老师借此契机强行让我与孩子保持距离。在几乎寸步不离地陪孩子大半年后，突然不需要我在旁边陪着了，孩子还好，我不适应了，特别失落，而且即使孩子不找我，我也习惯地去主动陪她……彭老师发现问题后一有时间就跟我走圈，并指出了我个人存在的问题，也就是从那个时候开始，我也尝试着做技术，尝试着通过运动释放我的焦虑，尝试着把注意力从孩子身上转移，让孩子慢慢独立。

永远忘不了，孩子六个月以后随着技术和运动量的增加，出现突飞猛进的进步，简直与来时判若两人，无论是与我的互动，与同学的沟通；无论是早操、晚操她组织同学训练的气场；无论是毕业典礼，还是晚会主持，她表现出来的那种从容、淡定；无论是遇到什么不开心的事，她调整情绪的速度；无论是看待问题和处理问题的方式、方法，都让我自叹不如！慢慢地从她的行为和表现中可以看出她童真的一面，慢慢地体会到了她那种发自内心的放松和快乐！慢慢地感觉到了她内心从未有过的那种踏实！……而这一切的一切都离不开彭老师的谆谆教诲，离不开彭老师的大力支持，离不开彭老师艰辛的付出！

在毕业之际，我想和与我有同样痛苦经历的家长分享一下我的经验。孩子出了问题我们是不幸的，但我们又是万幸的，因为上帝给我们关窗的同时又给我们开了门，让我们在茫茫人海中找到了彭老师，找到了救命的菩萨！以下是我总结的经验：

初来的家长也许你会纠结会疑惑，看着基地的家长来来往往，孩子们日复一日地做着看似相同的训练，而彭老师又不同于其他心理医生那样同你或你的孩子讲大道理，此时你会质疑，质疑彭老师这样就能救了你的孩子吗？救了你的家庭吗？而我肯定地告诉你，只要彭老师接收了你，恭喜你，你是幸运的，他有能力帮你找回更优秀的孩子送给你，你目前需要做的就是无条件地信任、配合！我说过一句话，能留下的、能坚持的都是亲妈！

1～3个月的家长是最痛苦的。一方面你要处理单位请假的问题，要处理孩子学校休学的问题，另一方面你在基地还是个菜鸟，彭老师说的很多东西根本没法理解，跟孩子的互动更是甘拜下风。此时你需要做的首先就是改变自己，改变你和孩子原有的互动模式，改变你曾经自以为是的想法。按照彭老师的要求慢慢来，"坚持"是这阶段的首要任务。

4～6个月的家长是最焦虑的。因为此时您已经是初中生了，对彭老师的话也能理解了，好多方法也会运用了，而您的孩子还是小学生，他也在进步，只是您以一个初中生的眼光去看待一个小学生，试想一下能看到多大进步？另外您看到的都是别人家孩子的优点，别人家孩子的进步，这样不焦虑才怪。彭老师讲过的"过程"如果您理解了，就不会焦虑。

6个月以后的家长是最幸福的。因为您是高中生了，悟性更强，有一种"翻身农奴得解放"的境界，能越来越明显地发现孩子的进步、孩子的改变，孩子会不断地给你惊喜……此时您高兴之余一定要把握住底线，而且要让他知道你的底线是什么（包括技术运动和生活方面），一旦他触及底线你就要严厉处理。彭老师已经把小树苗扶正，剩下的修枝剪叶、灌溉一定不能出问题。这个时期孩子进步是飞速的，他可能一下了就赶上或是超越你，那么你该怎么办呢？想要更强大就要"修心"，做到彭老师讲的"放手",做到"让自己快乐起来"。

对于即将要毕业的家长,最纠结的就是孩子上学、上几年级的问题,普遍的想法就是还是随着原来的班级走,不想让孩子落下。当彭老师帮您分析以后,你就会理解那句:"您的孩子晚上学一年重要吗?你的孩子晚成功一年重要吗?"

来神光后,我发现自己总是在不断地改变着自己的初心,从一开始的孩子不上学能够正常生活就可以,只要不黏着我,让我去上班、挣钱养她一辈子我也无所谓;到只要孩子能够正常上学,至于学习成绩好不好我都无所谓;再到希望孩子不仅能够学习好还能够快乐地学习;最终到现在的希望孩子快乐地学习,而且还要具备神光的八大能力,那就是组织、沟通、协调、管理、言语表达、人际关系、情绪的自我调节和处理问题的能力。

我都感觉到自己越来越不能满足了,我感觉到在彭老师这里有自己和孩子学不完的东西,现在我那个阳光、灿烂、活蹦乱跳、快乐的小天使真的回来了,我做梦都没有想到孩子能恢复到这么完美的状态,我太知足了,现在的孩子跟父母的互动简直是亲密无间。更重要的是,在陪伴孩子的10个月里,我也成长了,就像前期一个家长说的一样,我也感觉在上海的10个月时间里,我的研究生也毕业了,我现在能看得懂自己的孩子,也知道如何跟孩子互动,知道如何真正放手让孩子长大,知道如何跟我老公互动,知道如何跟我的公公婆婆互动,知道如何来经营我的婚姻,我现在能够用欣赏的眼光全方位地去看待自己的孩子和老公。我现在就有种感觉,我的生活品质已经得到了全面的提升。

最后我代表全家衷心地感谢您:彭老师!感谢您对我们10个月以来的关心、照顾,感谢您为孩子付出的一切，您拯救了孩子，更拯救了我们的家庭，感谢您在我们毕业前讲了我最想听的"和系列之男人的课堂"，我期待着您的续集。

　　相聚总是短暂，感恩永远铭记于心，彭老师，上海因您而美丽，"神光"因您而闻名，孩子因您而快乐！千言万语，汇成一句话：祝愿彭老师、师母身体健康，恩爱百年，祝愿青少年成长基地越办越好！

　　谢谢！

小徐敬上
2018.10.08

Sally 毕业感言

尊敬的彭老师、彭师母，神光基地的各位家长及学员：

大家好！

感谢大家在百忙之中参加我的毕业典礼，特别感谢从英国赶回来的邱妈和远道而来的欧阳妈妈，你们的到来更让"神光"这个大家庭满院生辉。

过去是痛苦的，也是我永远都不愿回首的。但只有痛苦过的人，才知道什么才是真正的快乐，才会珍惜当下来之不易的幸福。我真心希望，所有的孩子都不要经历我所经历过的痛苦，更希望家长们都能够从中得到警示和启示。

从上小学起，我就是一个品学兼优的好学生，也是一个人见人爱的班干部，更是家长们交口称赞的好孩子：懂事、有礼貌、爱学习，阳光、开朗、活泼，是老师和同学们的开心果。

但是，一上初中我就感觉自己与别人有很多不一样的地方，比如一些"奇思妙想"和处事方式，我错误地以为这是我的"特点"和"个性"。从初三开始，这些"特点"便像脱缰的野马一样不再受我自己的控制，大脑里的胡思乱想越来越多，于是我开始用不写作业、痴迷手机等电子产品来调节自己。

我的内心那一扇门也随着沉溺于手机，而对外界渐渐关闭。我常常感到非常孤独与无助，上课时如果听进去了就会觉得心安，一旦听不进去就焦急万分。没有人知道，一个外表开朗活泼、没心没肺的孩子，居然在心理上异于常人，这个问题始终困扰着我，却更令我难以启齿，每次想要跟爸爸妈妈说，却又总是含糊其辞，不敢说明白。

眼看中考仅有几天了，我开始自己想办法，频繁地联系学校的心理老师，通过让老师讲题、跟老师谈心，想让老师帮我找到解决问题的办法，但老师总把这些表现归结为考前焦虑、作息不规律，等等。我无奈又无力，又寄希望于父母身上，开始故意闹情绪不去上学，希望将事情闹大，引起他们的关注。

但是，这一切并没有太大效果，父母和老师的努力只是让我自己也以为：我只是压力太大和青春期导致的情绪波动以及由于自身抗压能力弱而导致的逃避。

在多方求助无果、自己的努力也宣告失败的情况下，我的心里满满都是失望，沉重得让我简直无法呼吸，我逐渐彻夜难眠。每天清晨，我总是告诉自己：无论生活多么艰难，都不能轻言放弃。

就这样，拖着极度疲惫的精神及躯体，我依然考上了全国100强、全市资源最好、升学率最高、综合实力最强、学霸们首选的重点高中，中考成绩远超分数线，达到700分以上。

尽管如此，这样骄人的成绩一点儿也没有让我感到心安，我根本感受不到一丁点儿的快乐，因为我的状态仍在持续不断地下滑，痛苦、绝望继续困扰着我。我大把地掉头发，放弃了坚持很多年的钢琴，记忆力衰退虽然让我暂时忘却了过去的痛苦，但伴随而来的条件反射越来越强。我提心吊胆，时刻关注着自己的状态。每当听到别人的学习进度远远超过自己，心里总有难言之痛。

大脑里的冲突常常将我击溃，现实的痛苦感受常常把我惊醒，我欲哭无泪：再也无力做自己大脑的主人。

高中生活浑浑噩噩，常常让我感到无所适从，我不愿束手就擒，但却无可奈何。我多么希望每天醒来这一切都是一场梦。我无法用言语表达我的真切感受，身边的人也无法理解我的"奇思妙想"，我只好把这些感受压在心底。每次面对心理咨询师，我总是满怀期待，却总是以失望告终。最终，我对心理咨询师彻底失望了，对自己的未来也彻底绝望了，我再也不相信任何心理老师了，从心底里鄙视他们，排斥他们。

最后一次上考场是期末考试，我付出了难以想象的代价，却失败了。我感觉自己像被扼住了命运的喉咙，无论如何垂死挣扎，都将坠入深渊。

我的痛苦、我的绝望，父母从一开始不理解、困惑到理解却无法帮助到我，无法帮我分担。因为，该找的人都找了，各种医院都去过了，远近的心理老师、专家、教授都找了，各种土方法都试过了，结果都是不尽如人意。

　　正在绝望之时，印证了那一句古话：天无绝人之路。不知道妈妈从哪里得到了彭老师的信息，立即毫不犹豫地给我办理了休学，坚持要带我来上海。我得知要来上海看心理医生时，内心惴惴不安，我期待，但更恐惧害怕，我太害怕由希望到失望甚至绝望的感觉了，因为自己已经受不了任何打击了。

　　我被妈妈以到上海游玩顺便来咨询老师的理由连哄带骗带到了上海，出人意料的是，初见彭瑞林老师，与彭老师的一番谈话便让我心生希望，使我迫不及待地想要留下来，就像一只在雾霭中迷途已久的航船突然找到了属于自己的航标灯。我三生有幸，遇到了今生的恩师。

在"神光"的时间，让我终身难忘。我从排斥到接纳，从将信将疑到深信不疑，从痛苦自卑到快乐自信，从根本看不到别人到慢慢懂得感恩，从父母眼中的魔鬼变成了所有人眼里的天使。

在彭老师的悉心指导下，我历经了一次又一次的蜕变和一次又一次的成长，终于成为我心目中的那个"我"。

妈妈对我现在的评价是：懂礼貌、懂感恩、快乐、阳光、开朗、活泼、纯真、稳重、自信、懂得谦让、知书达理；组织、沟通、协调、管理、人际关系、言语表达、情绪的自我调节、处理问题等八大能力大幅提升；精神面貌焕然一新，实现华丽转身。

感谢无私大爱的彭老师，是您把我带出了自己的世界，并教会我与世界交往；感谢妈妈，一路不辞艰辛陪伴着我；感谢爸爸，一直独自撑起一个家；感谢各位家长的关照与帮助，感谢各位学员的陪伴。没有你们的倾心相助，就没有今天的我。

尽管现在的我仍有诸多不足，但这也将是一个美丽的契机，让我等待，在经过不懈的努力之后，遇见更加美丽动人的自己。

最后，祝愿大家快乐幸福、心想事成，身体健康！

谢谢大家！

我有什么

早课时彭老师秉持着最近一直在谈的理念"少想自己没什么，多想自己有什么"，给了我们这样一题目自由发挥。我就我近段时间的感受写下了这篇特殊的欣赏日记。

一直以来，我并不满意自己的父母，因为当我在网上看到同龄人晒出父母给自己买的奢侈品，听到同学说自己的父母有哪方面的关系、哪方面的权力，看到别人的父母对孩子百依百顺……我觉得我是世界上最委屈的小孩。当别人出生就站在似乎比我高的起点，当别人能支配的财富远远大于当时的我所能支配的，我总是自卑，觉得我的父母是"没用"的人。

厌学之后，我获得了从未有过的我想要的所有自由，我想怎么放纵就怎么放纵，可以肆无忌惮：想几点睡就几点睡，想几点起就几点起；要多少钱父母就给多少钱，想干什么就干什么，再荒诞都不会被责怪……我好像获得了我当时所有想要的东西和底气。

但是，当我在社交软件上晒最新款的电子产品时；在父母面前肆意索求时；毫不顾忌价格花钱如流水时……我发现我依旧是空虚压抑的那个我、依旧是痛苦不能自拔的那个我，也依旧是自卑到极致的那个我。

从这件事，我开始反思，真正认识到我的快乐并不来自于钱，父母的财富也无法让我在空虚中获得真正的幸福。

自从来到"神光"，遇见彭老师，我学习了神光理论，接触到"外力"一词后，我突然清晰地意识到这种很多人缺失的"外力",却是我从小到大几乎没有缺失过的。因为父母有底线地给了我自由,有节制地给我自由支配的财富,才培养了我学会逆来顺受的能力,懂得节约而非挥霍的良好习惯。我开始意识到我并非一无所有,我的父母也绝非吝啬无用之辈。相反,我拥有大多数人都没有的那种优秀父母——无条件爱我,会三思而后行,会终身学习,一直致力于让家庭变得更和谐,让我变得更好。

我发现他们真的做了太多太多。且不提经济方面的压力,他们在逆境中为我展现出的那种坚韧就足以让我动容。为了改变自己的错误认知与教育方式,记忆力不好的妈妈天天翻彭老师的书,直至能背诵下来;每次我提出的不满意见,父母都会去斟酌而非直接否定我,我的安全感在废墟中渐渐成长,我的幸福感也与日俱增。我常常告诉自己有多么幸运,才能从出生就有爱我的智慧的父母。父母可能给不了我想要的一切,但他们给予我的一定是目前状态下他们所能给予我最好，最完美的。每个人都努力让这个家变得更好，这样的家庭就是最最温暖美好的。

人的欲望是无休止的。随着我们的思想进阶，能力增强，生活态度转变，我们要求的会越来越多。从前压抑时就想：只要每天能开心一小时就可以了。可一旦当我们拥有了这样的能力，我们会想要一整天都可以快乐。欲望是推动我们前进的动力，一个人只有有了目标才能更努力地去奋斗。但如果整天不切实际，好高骛远，永远不欣赏自己的成就而是只挑剔不足来让自己前进，那么只有两个结果：一直不快乐和一击即崩溃。过度地去要求自己，希望自己变成最最顶尖的人是没有意义的。我们只能决定我们做了什么，但无法决定结果。

因此，我们要多想自己有什么，欣赏自己周围的一切，少想自己没什么，少挑剔。我是否快乐的根源并不取决于我所拥有的金钱或成就，而是在于我是否会思考有什么。我有智慧的父母，有调节自己情绪的能力，有良好的记忆力与学习能力。我有知心的朋友，我有自己的思想，有自己的追求，有自信，有创意，有自律的品质，有让自己快乐的能力。所有的这一切都是我所拥有的，我拥有太多太多别人没有的东西，因此我快乐，自足，为我所拥有的这些珍宝而倍感幸运。

我爱我的父母，爱我自己，爱我的现在，爱我所拥有的一切，甚至也会爱自己并不快乐的过去，这些都给予我太多，组合起来就成了我耀眼的世界。

我是幸运的，也是最快乐的。

无恙

2023 年 10 月 21 日

写在高考前

尊敬的彭老师、师母,基地的亲人们:

你们好!

现在是晚上八点二十分,我坐在一间拥挤的小教室里奋笔疾书。教室里灯光明亮,七十多人备战高考,空气沉闷,暑热难耐。此时的我有些头昏脑涨,便决定将手头的功课稍放一放,给彭老师和师母以及我心心念念的大家写一封信。

这封信其实很早就想写了,想写信的原因有很多。首先是我自从上海回家复读已近半年,心中真的有很多想法要和大家倾诉;二是怕想法太多,如果不落在纸上,总有一天会被冲散在风中；另外还有一个原因就是我总觉得我妈和彭老师汇报得不够勤快，而我每次与彭老师打电话时又会因为时间紧张而语焉不详，不能一说明白。所以，在这些原因的驱使下，我决定动笔写这封信，这是有感而发之作，也是信手涂鸦而成，故言语不成逻辑，颇似胡言乱语，还望大家见谅。

细想起来，我到基地的历程还是有些曲折的。如果要追溯我和我妈那旷日持久的"博弈"与"拉锯"，更是一段"波澜壮阔"的历史，其篇幅可比"持久战"。总之，最后的结果是我那憨憨的妈妈以她义无反顾的决心与毅力把我带到了神光基地，从此开启了我一段新的人生。

我相信大多数人对基地的第一印象都跟我差不多：曲径通幽的别墅，几个金光闪闪的大字"青少年成长基地"，墙上挂着的成排的锦旗，里面有个身材不算很高、留着美人尖的中年人非常自信地强调"能够彻底治愈各种焦虑强迫厌学"……哼，好大的口气，电视里的那些"砖家"也是这样保证的，我才不信呢。年少无知、自以为是、有些傲慢的我完全不以为然，只当是我那憨憨的妈妈被人骗了。

现在的我回想起来，我自以为傻傻的妈妈、我那高考物理差两分满分的妈妈、中学时代被老师夸赞最聪明的妈妈，为了能在寒暑假陪我，毅然辞去医院主任职务的妈妈，平日一副不很聪明样子的妈妈，只要有关于我的事情，她便像一只目光锐利的苍鹰，抑或是蓄势待发的猎豹，会以一万分的细心与耐心去甄别，去思考什么才是对我最有利的选择，一旦认定，便猛追猛攻猛打，不达目的誓不罢休。

有时我真的感慨感动,妈妈她只是单纯地认准一个事理:"只要儿子高兴,我就高兴。"其他一切均在所不惜。写到这里,泪水不禁充满眼眶。

有母如此,子又何求?

是妈妈的坚定抉择最终让我在基地留了下来,开始了七个月的基地生活。起初,我对基地极不以为然,更不奢望几个月后就会有奇迹发生,每天只想着快点训练、快些回去,只当是来修身养性罢了。

彭老师似乎看穿了我的心思,一来就告诉我,不要急功近利,只当是来度假了。这话真是说到我心坎里了,我的思想于是放松了许多。

其实现在想起来,那时的我怎么会没有期望,我想的就是一定要脱胎换骨,在基地待上一段时间,回家后立马就能考个第一，让所有人注意到我，注意到那个无比优秀的"我"。

我把这些想法埋在心底，骗过了自己，却骗不过彭老师，当彭老师狡黠的眼睛一闪光，你就知道，你从上到下，已经变成了一个"透明人"了。

现在正值六月，天还没有热到完全无法忍受的程度。我时常躺在宿舍硬邦邦的床板上想，去年这个时候，我在基地干什么呢。

思来想去，在无数的记忆碎片中，其他的已经模糊，唯独那次普陀山之旅格外令我难忘。也应该说，那次普陀山之行是我对基地态度的转折点，也许可以说是我人生轨迹的转折点吧。

在那之前，我一直是个有些自以为是的人，心中坚守着幼稚、不成熟的思想,固执地认定我现在的艰难、不如意只是运气的问题,而不想也不敢做出任何改变。普陀山之行就像一阵惊雷,叩醒了我麻木的灵魂。

起初,我完全料想不到一次普通的旅行究竟会带给我什么,所以一开始,也只是机械式地听从大人的安排,把一切只当作是一次新奇的体验,毕竟,作为一个理科生,还是一个有些傲慢的理科生,很大程度上不太相信这些看似有些虚幻缥缈的东西究竟能带给我什么。

那个下午,当我刚踏入紫竹林,拾级而上,周围的一切都静极了,天有些阴沉,耳边传来风吹过树叶时沙沙的响声,还有隐隐的波涛声。风收住了势,海水发出低沉的吼声,猝不及防地,南海观音像一下闯进了我的眼帘,那种视觉的冲击感我无法形容,只觉得天地之间,宇宙之中,似乎只剩下我与这尊巨大的观音像在进行心灵的对话。

这是一场灵魂的洗礼，佛家讲求"缘"，我相信冥冥之中缘分的力量，因缘巧合来到彭老师这里，感觉一切仿佛早已注定，注定要我在对的时间对的地点，接受这一场洗礼，彭老师是心理学家，也是科学家，我虽然未经世事，但从这次普陀之行中，似乎找寻到了些许的答案。

生活如逆水行舟，人生似乎就是一场轮回，我在上海训练时急切盼望能够返回青岛，然而在这半年里，我却无时无刻不怀念着在上海的时光，仿佛上海就是我第二个家。

那是一种怎样牵肠挂肚的怀念？

怀念上海的一个原因是复读生活的高压与艰苦，另一个便是我实打实地体验到了彭氏理论的强大威力。我来基地的主要原因之一便是成绩大幅下滑，注意力不集中，记忆力奇差无比，我听说毕业的学员回去后个个是学霸，我就也幻想着回去以后学习成绩突飞猛进。

后来跟神光基地毕业的老学员交流了一下，他们告诉我：期望值不要太高，顺其自然最好。我一想也对啊，就这短短几个月能让我正常上学就阿弥陀佛了，还要那么多好像不现实，最重要的是，这几个月下来，也没有感觉自己成为"神童"，慢慢我的心态也就平静下来了，也能接受以后发生的一切。

复读的第一周，我就觉察到了极大的变化，怎么原先无论如何也听不懂的课程，现在一听就懂；怎么原先绞尽脑汁也想不通的习题，现在看一眼就知道答案了呢；怎么原先努力半天也背不会的单词，现在一看便过目不忘？

我不禁感叹，现在的"我"和之前那个迟钝、焦虑的我相比，改变真的太大了！而这种变化是我之前想也不敢想的。

我惊喜地发现，我的大脑居然变聪明了，逻辑思维、反应速度、空间想象、推理判断……一切都有了质的飞跃，我再也不是原先那个自卑、没有底气的我了。

一年以来，虽然复读压力山大，但我的整体状态逆流而上，不断提升。"日薄西山似昨日，东山再起正当时"。现在的我自信快乐，斗志昂扬，一点就通。唯一想破脑袋也想不明白的便是，彭老师看似简单的理论，为何有如此改天换地、脱胎换骨的强大力量？只能叹服彭老师技艺之出神入化。

此时，寒冬已去，我即将在新的盛夏中与我的命运终极对决，最大的缺憾便是此时无法现场聆听彭老师讲课说法。远在山东心在沪，对我来说，基地一直是我的精神支柱，也是我的情感寄托。

感恩老师，我永远是您的学员，是您彻彻底底改变了我，让我成为了那个朝思暮想想要成为的人！

感恩师母，我们因缘而相遇，我的前行之路因您的大爱普照而光芒万丈！

感恩妈妈，因为您的执着，我这一段刻骨铭心的人生经历才得以郑重开启！

感恩基地的所有人，是你们创造了我人生中最为色彩斑斓的盛夏！

祝基地越来越好，祝基地的家人们万事顺意！

快乐牌刀片

2020 年 6 月 3 日于山东某校

（高考分数：621/ 录取学校：山东大学）

我没有

昨天,彭老师问我:你没有什么?

我的反应是:我没有的东西实在太多,一时不知从何说起。

我没有天才般的智商,没有富豪那么多的钱财,没有首领的权势,没有艺人的才华。如果要细数,我感觉我是个一无所有的人。最重要的是,我甚至没有别人所拥有的健康的身体和心灵,现在还没有同龄人应该有的上学生活。

最后这点无疑是我的痛处,发生在我身上的意外都是我从未想过的。

我在 15 岁前没想过心理问题会出在我身上，我会成为那种不上学的坏孩子，曾经我最怕的学业失败，会发生在我身上。我似乎一路都在失去，一路都在走向我所讨厌的人生，到最后，没有了支撑我继续生活下去的念想。

自从来到神光，认识了彭老师，现在的我，已经感受不到那时候撕心裂肺的痛苦与不知去向何处的迷茫了。但我还是会想起我的曾经，不同的是，思考方式与看待视角已然发生了质的转变。

我现在明白，任何事情都有正反两面，当我失去一些东西的同时，我也在收获，只是得到的东西不同，方式也不同。

我确实没有同龄人所共有的学校生活，没有和同学们一样平淡且正常的人生轨迹，甚至一度没有健康的心灵和身体。但我现在收获了能够使我重新审视自己，塑造自己，升华自己，和超出常人的健康心灵和身体。

我虽暂时没学习知识，但我得到了专注力、记忆力和学习能力的全面提升，我坚信我会东山再起。

我看似一路摔倒一路失去，实则在摔倒后重新爬起，收获伤疤，却也收获了在问题上摔倒并站起来的能力。收获了本质上调节自己的情绪调节能力与身体保护能力。

正如所有事情都是契机，当然我所没有的，所失去的，都是让我重新培养自己的机会。凡事发生皆有利于我，这样的失去正让我得到更多。

有时我会思考一个无意义的问题，是我儿时在电视节目上所看到的：我愿意选择平平淡淡的人生还是大起大落的人生？当时的我不假思索地选择了后者。十岁出头的我告诉自己，因为我向往的是顶峰，所以我愿意接受低谷。而那些平静的、没有一点波澜也没有任何成就的生活可能会使我感到厌倦，因为我并不愿意平庸。

如今，我没有了平坦的路，没有了平稳而毫无起伏的普通生活，但同时，我没有了面对困难与意外的恐慌，没有了患得患失的畏惧，因为我曾经失去过我以为的一切，所以不再惧怕前行。当我一无所有的时候，往往也是我潜能最大的时候。我已经不再害怕失去，也并不会认为我没有是件坏事，而是接受自己所没有的，也从一切没有中寻找新的契机。

虽说"心想事成"，但大多数时候，事情并不会按照我们所想的那样去发展。我并没有达到13岁的我预期的自己,也没有得到在我的人生规划中17岁的我应该已经得到的东西。但相反,我并不后悔。有得必有失,有舍也必有得。我不会什么都有,但也不会什么都没有。正是这一个个缺憾,才让我以另一种方式强大起来。我无法控制我有什么、没有什么,但我能改变思考"有"与"没有"的方式。我的人生并没有向我预期的方向前进,但我同样收获了优秀的我自己。

所谓"天将降大任于斯人也,必先苦其心志,劳其筋骨,饿其体肤,空乏其身,行拂乱其所为,所以动心忍性,曾益其所不能"。很多成就大业的人,他们往往也曾一无所有,备受打击。将没有换角度思考当成契机:因为我没有出生就拥有财富,所以我才拥有了追求财富的契机与发展财富的能力;因为我没有一路平坦,所以我在逆境中的打磨才使我更强大。或许正是因为没有,才给了我现在所拥有的一切。

如果重新选择，我可能还是会选择我现在的路。我没有平坦的人生路，但我已然拥有了在荆棘中闯出一片天的能力与契机。

一位神光学子

后记

这本书也可算是我的理论的浓缩和精髓,仅以寥寥数语,概括我从事心理咨询行业的近30年历程,我觉得,够了,也值了。

人生不过百年,这30年已经占到了三分之一,如同"彭老师"这个尊称与我如影随形不可分割,融入了时间,融入了生命,也融入了血液。

29年前,当我刚刚拿到心理咨询师证书时,我本以为自己从此可以像医生一样救死扶伤,做一名白衣天使,像教师一样传道授业解惑,做一位人类灵魂的工程师,但真实的情况是,面对着一个个沉默寡言、"白眼狼"一般的孩子,面对一个个崩溃的家庭时,手中的心理咨询证书仅仅是一张纸而已，所有的理论在残酷的现实面前都显得苍白无力。而我真的应该做些什么，不仅是出于从事心理咨询行业的道义与责任，而且是作为一位心理咨询师郑重的初心与使命。

彼时，我国的心理咨询行业刚刚起步，理论与实践相距十万八千里。就是人们常说的那句话："即使听过所有的道理，依然过不好这一生。"田森疗法、精神分析、认知疗法……凡此种种，不一而足，每一种疗法都有一整套理论，但是在心理学实践中，真正要解决问题，却用无所用。

在"厌学与网瘾"这个让社会都倍感棘手的新难题面前，处处空白。在这种状况下，我的思路实践重新总结，始终把目标锚定在"真正彻底解决问题"上，所有的方案、措施都是围绕这个目标实施，标本兼治。在不断学习、深入实践的基础上，多年来，由理论到实践，由实践回到理论，螺旋式地融合、提升与创新，形成了今天较为成熟、彻底攻克这一难题的"神光疗法"。我的理论语录是与"神光疗法"相辅相成的思想集成，它凝聚了神光所有孩子和家长的实践与智慧。

这一路走来，风雨兼程。

有人说，我的工作也是生活，生活也是工作，每天除了睡觉，所有时间都在工作，给家人少，给自己更少。但这也正是我多年来最引以为豪的事情。每当看到孩子经历的前所未有的蜕变：从来到基地时的拘谨、腼腆到如今的落落大方；从闷声自卑到开朗快乐；从愁眉苦脸的学渣到快乐学习的学霸，八大能力全方位提升，我心里是沉甸甸的喜悦，真的，没有别的。

有一句古语：独乐乐，与人乐乐，孰乐？

我的答案是，与人乐乐，与众多家庭乐乐，才是真正的快乐！即使身心经历种种酸甜苦乐，能够看到神光的孩子们和家长们由衷的快乐，是我最大的快乐。

我是一名普通得不能再普通、坚持奋战在心理咨询一线的"打工者"，我不是英雄，只是一个凡人，以我绵薄之力，换得数百个家庭的幸福安康，我即使身处黑暗，但永远心向光明。

我深知，我选择的是一条少有人走或没有人走的、崎岖不平的路，前途漫漫，荆棘丛生，千难万险，但路的尽头一定是光明。既然选择了，就是跪着，也要义无反顾、无怨无悔地走下去。

感谢在我孤独的前行中，有你们不离左右的陪伴，感谢大家对我无条件的信任和支持，感恩神光家人们、孩子们以爱传递善举，祝好人一生平安！

图书在版编目（CIP）数据

青少年心语 / 彭瑞林著. -- 上海：文汇出版社，2024.3
　ISBN 978-7-5496-4214-4

　Ⅰ.①青… Ⅱ.①彭… Ⅲ.①人生哲学-青少年读物 Ⅳ.①B821-49

中国国家版本馆CIP数据核字(2024)第043945号

青少年心语

作　　者 / 彭瑞林

责任编辑 / 戴　铮
装帧设计 / 张　晋

出版发行 / 文汇出版社
　　　　　上海市威海路755号
　　　　　（邮政编码200041）

印刷装订 / 上海颛辉印刷厂有限公司
版　　次 / 2024年3月第1版
印　　次 / 2024年3月第1次印刷
开　　本 / 890×1240　1/32
字　　数 / 80千
印　　张 / 5.5

ISBN 978-7-5496-4214-4
定　　价 / 28.00元